IL BUSINESS MODEL CANVAS

INFORMAZIONI CHIAVE

- **Nome:** Business Model Canvas, BMC.

- **Utilizzi:** il Business Model Canvas è un prezioso strumento strategico utilizzato per concettualizzare nuovi modelli di business o per documentare quelli esistenti. Aiuta a guidare le decisioni sul lancio di un prodotto, di una startup o di un nuovo processo, illustrando il valore e l'attività principale di un'azienda.

- **Perché ha successo?** La semplicità e la chiarezza della presentazione visiva dello strumento lo rendono facile da usare da soli o come parte di un team.

- **Parole chiave:**

  - <u>Modello di business</u>: Il modello attraverso il quale un'azienda crea valore. Tramite una strategia di sviluppo del core business, questo valore dovrebbe manifestarsi in ricompense finanziarie per le aziende che sono in grado di soddisfare i propri clienti.

  - <u>Business plan</u>: Una proiezione, scritta in un documento ufficiale, che delinea la strategia sulla base di analisi di mercato e di dati rigorosamente raccolti e studiati.

  - <u>Tela</u>: Uno schema di base che raggruppa un insieme di elementi in modo strutturato.

IL BUSINESS MODEL CANVAS

Fate prosperare la vostra attività con questo semplice modello

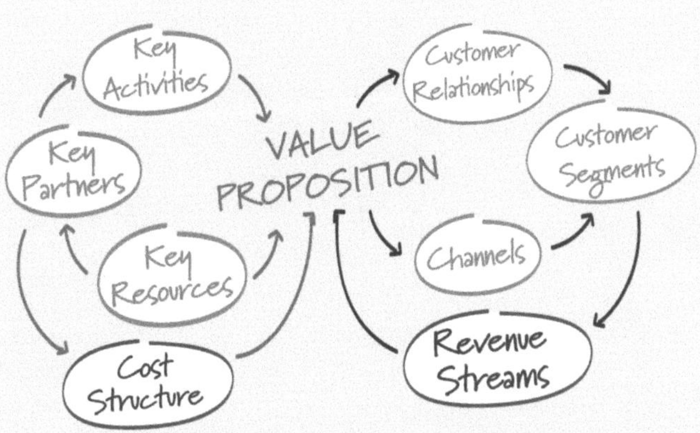

50MINUTES.com

IL BUSINESS MODEL CANVAS

Fate prosperare la vostra attività con questo semplice modello

scritto da Magali Marbaise
tradotto par Sara Rossi

50MINUTES.com

INTRODUZIONE

I dipendenti ambiziosi che vogliono scalare i ranghi della propria azienda e rendere attuabili idee rivoluzionarie e di alto valore, così come gli imprenditori che vogliono rinvigorire la propria azienda o aumentare la propria quota di mercato, trarrebbero beneficio dall'acquisire una comprensione approfondita del funzionamento della propria azienda, di come genera la crescita e di quali siano le leve di crescita più utili. Il Business Model Canvas è un modo eccellente per sviluppare questa comprensione.

Questo strumento strategico è stato sviluppato da Alexander Osterwalder (teorico austriaco, nato nel 1974) e Yves Pigneur (informatico belga e professore all'Università di Losanna, nato nel 1954) nel loro bestseller *Business Model Generation* (2010). È utilizzato principalmente (anche se non esclusivamente) dagli imprenditori e mira a consentire loro di trasformare le proprie idee in progetti innovativi e competitivi. A tal fine, gli autori incoraggiano ogni azienda che utilizza il Business Model Canvas a riflettere sul valore che crea per i propri clienti e per se stessa. Questo modello è particolarmente adatto a chi opera in piccole imprese o startup, dove la struttura non è fortemente gerarchizzata: il BMC offre un approccio più sistematico rispetto alla maggior parte dei modelli tradizionali, articolando le diverse parti componenti dell'impresa.

DEFINIZIONE DEL MODELLO

Secondo i creatori del metodo, questo quadro consente alle organizzazioni di creare, fornire e catturare valore (Osterwalder e Pigneur, 2010).

Il Business Model Canvas fa parte della tendenza del visual e del design thinking. Ciò significa che, grazie al suo processo non lineare, consente di creare un sistema visivo accessibile, leggibile e di facile comprensione per tutti. Il Canvas è un mezzo che gli imprenditori possono utilizzare per riflettere e costruire il loro modello di business in un'unica pagina: possono facilmente organizzare le loro idee nelle caselle del modello, per passare più rapidamente – ed efficacemente – all'azione. Il fatto che offra una panoramica dei modelli in costruzione facilita la chiara definizione delle priorità, la creazione di piani d'azione concreti e un approccio creativo e adattabile, che semplifica notevolmente lo sviluppo futuro di un business plan. Questo strumento migliora anche le interazioni con i clienti e favorisce la comunicazione tra i dipendenti.

TEORIA

Tutte le aziende sognano di avere in mano le chiavi del successo, e più sono semplici, meglio è! Sebbene questo quadro non tenga conto dell'aspetto puramente competitivo, è comunque molto interessante, pratico e accessibile a tutti.

I NOVE STRUMENTI

La matrice è composta da nove blocchi interconnessi che illustrano tutte le attività di un'azienda:
attività chiave;

- partnership chiave;

- risorse chiave;

- segmenti di clientele;

- canali;

- relazioni con i client;

- proposta di valore;

- struttura dei costi;

- flussi di reddito.

Chiaramente differenziate e identificate, le scatole sono disposte con cura e precisione sulla tela. Questa disposizione crea sinergie tra di esse, dando vita a una strategia unica per ogni azienda che si cimenta nell'esercizio.

Creare valore

- **Attività chiave.** Le attività chiave sono essenziali per l'azienda, poiché attraverso di esse viene creata una proposta di valore per il cliente, che genera indirettamente un reddito. Queste attività variano a seconda del tipo di modello aziendale. Per esempio, in una compagnia di assicurazioni, un'attività chiave è la protezione dei beni dei clienti e il loro risarcimento in caso di perdita; un ospedale sarà responsabile della salute dei pazienti. Secondo Osterwalder, le attività possono essere classificate in tre diverse categorie:

  - quelle direttamente collegate alla fabbricazione di un prodotto;

  - chi cerca di sviluppare soluzioni (servizi) per soddisfare le esigenze dei clienti;

  - quelle che si svolgono, in tutto o in parte, su Internet (siti di shopping online o banche).

- **Collaborazioni chiave.** Il detto "due teste sono meglio di una" è universale e ha una particolare risonanza nel mondo professionale, all'interno delle nostre aziende. Avere e mantenere buoni rapporti con partner accuratamente selezionati, competitivi e affidabili, rafforza la posizione occupata dall'organizzazione all'interno del proprio mercato, rafforzando il modello di business. La natura della partnership dipende dagli obiettivi dell'azienda:

  - subappalto per promuovere economie di scala o riorientare le attività;

- fusioni per ridurre il rischio e l'incertezza legati all'ambiente competitivo;

- acquisizione di determinate risorse e attività che consentono di esternalizzare alcune attività ad altre aziende. Un esempio è rappresentato da una compagnia assicurativa che si avvale di un ufficio di valutazione esterno per il pagamento dei sinistri.

Esistono diversi profili di partner chiave. Che si tratti di un'azienda o di una persona fisica, l'importante è che forniscano supporto, consulenza ma soprattutto che facilitino lo sviluppo di un'azienda: banche, investitori, soci, fornitori o addirittura clienti, ma anche concorrenti.

- **Risorse chiave.** Sono gli asset su cui l'azienda fa affidamento e che le consentono di mantenere la propria attività economica o di portare a termine con successo la propria catena del valore. Esiste quindi un certo grado di interdipendenza tra la salute dell'azienda – sia finanziaria che umana, intellettuale (brevetti, ecc.) o materiale – e le risorse disponibili per (ri)lanciare una proposta di valore. Seguendo questa logica, le piccole e medie imprese sfrutteranno al meglio le dimensioni relativamente ridotte dei loro team (risorse umane) per concentrarsi sul contatto personale regolare con i clienti. Al contrario, un'azienda IT potrebbe prediligere concentrarsi su risorse materiali come processori, refrigeratori o magazzini per migliorare la propria proposta di valore.

- **Segmenti di clienti.** La maggior parte delle aziende deve la propria prosperità ai clienti, che sono il motore di molte attività economiche. È quindi importante conoscerli bene, individuare le loro aspettative e proporre un'offerta che risponda al meglio alle loro esigenze. A partire da queste, l'organizzazione stabilisce i segmenti di clientela con esigenze uguali o simili e sceglie quali gruppi indirizzare in particolare.

 ## DEFINIZIONE E SCELTA DEI SEGMENTI

Esistono diversi tipi di segmenti di clientela, come il mercato di massa, il mercato di nicchia, il mercato diversificato, ecc. A seconda del tipo di attività scelta, della sua capacità finanziaria e della situazione economica, l'azienda si rivolgerà a un segmento o a un altro. Ad esempio, un ristorante di lusso cercherà di attrarre soprattutto clienti benestanti, mentre una brasserie offrirà un menu più accessibile (a meno che non voglia offrire qualcosa di diverso e puntare a un altro tipo di clientela; in tal caso, opterà per un approccio diverso, ad esempio offrendo vini di qualità superiore e sottolineando questa scelta nella sua comunicazione). La scelta del segmento può basarsi anche sulla posizione geografica: l'apertura di un ristorante di fascia alta sembra più appropriata in alcuni luoghi rispetto ad altri (in centro città o in campagna).

- **Canali.** Le proposte di valore vengono fornite ai clienti attraverso i canali. La pubblicità, i social network, ecc. sono "interfacce" cruciali tra l'azienda e i suoi clienti.

- **Relazioni con i clienti.** L'ottimizzazione delle relazioni con i clienti è uno dei temi preferiti da ogni azienda. Coltivare le relazioni con i consumatori delle proposte di valore incoraggia la loro fedeltà, garantendo in un certo senso la sostenibilità dell'azienda. Una relazione si costruisce attraverso il contatto ripetuto tra il cliente e il prodotto/servizio/impresa, sia che si tratti del consumo o dell'esperienza in sé, sia che si tratti dell'esposizione al marketing intorno all'offerta. Ogni azienda deve quindi stabilire una politica concreta con cui definire le relazioni con i clienti attuali e futuri. Queste relazioni possono assumere diverse forme, tra cui un approccio più personalizzato, il self-service e la standardizzazione.

- **Proposta di valore.** Le proposte di valore sono i servizi o i prodotti che l'azienda offre (vende) ai suoi clienti.

 ## CHE COS'È IL VALORE?

Il valore è ciò che permette ad un'azienda di espandersi e di conquistare e fidelizzare i clienti che cercano un valore aggiunto: rapporto qualità-prezzo, marchio, qualità del servizio ed efficienza. Per realizzare questo valore, è quindi importante sapere quali bisogni sono stati soddisfatti – e soprattutto quali non sono stati soddisfatti – sul mercato e analizzare ciò che viene offerto dalla concorrenza.

Equilibrio finanziario

- **Struttura dei costi.** Molte parti del modello di business comportano e generano costi (la pubblicità è un buon esempio).

- **Flussi di reddito.** Questo riquadro conterrà le risposte alle seguenti domande: Quali sono le fonti di reddito? Quale prezzo sono disposti a pagare i clienti e per quali prodotti? La generazione di flussi di entrate è quindi fondamentale, poiché da essa dipende la sopravvivenza di qualsiasi azienda. Le offerte più comuni includono la vendita di beni, il diritto d'uso (i clienti pagano per utilizzare il prodotto o il servizio), gli abbonamenti, i leasing/prestiti, ecc. Oltre a queste entrate derivanti dal rapporto B2C, non bisogna trascurare le entrate derivanti da partnership B2B, come pubblicità e sponsorizzazioni.

APPLICAZIONE PRATICA

SUGGERIMENTI E BUONE PRATICHE

Organizzazione di un workshop BMC

Come accennato in precedenza, questo modello è interattivo: i partecipanti dell'azienda si siedono, disegnano la matrice su un grande foglio di carta, che attaccano a una parete o mettono al centro del tavolo, discutono, interagiscono e "attaccano" le loro idee sul modello. Il metodo dei Post-it®, suggerito da Osterwalder, appare molto efficace nel contesto di questo lavoro di gruppo: le idee possono essere rimosse, sostituite e spostate man mano che la discussione procede e vengono espressi punti diversi. Durante il workshop, il Business Model Canvas non rimane "fisso", ma viene costruito un Post-it® alla volta (Osterwalder e Pigneur, 2010):

- Gli utenti pensano attivamente a cosa inserire in ogni casella del modello, ponendosi una serie di domande. Ad esempio, per la proposta di valore, sarebbe interessante pensare al valore che l'azienda fornisce al cliente, al problema che propone di risolvere, ai bisogni a cui risponde, ecc. Questi punti dovrebbero essere affrontati nel modo più approfondito possibile.

- Ogni partecipante dispone di un blocco di foglietti adesivi e di una penna, che gli consente di condividere i propri pensieri con i colleghi e di organizzare le proprie idee allo stesso tempo. In questo approccio, il modello di business viene sviluppato con un brainstorming e annotando le idee. L'idea principale è che la semplicità stimola la creatività. L'obiettivo è anche quello di coinvolgere i dipendenti a tutti i livelli dell'azienda.

Infine, le aziende devono ricordarsi di testare regolarmente il loro modello. La formulazione di ipotesi consente di perfezionare il modello di business man mano che l'azienda si sviluppa.

 ## RACCOMANDAZIONI DEGLI AUTORI

Per creare e implementare un nuovo modello di business, Osterwalder e Pigneur suggeriscono di lavorare in cinque fasi:

Mobilitazione, definendo gli obiettivi precisi del progetto, testando le prime idee, pianificando il progetto e mettendo insieme un team di persone esperte ed entusiaste con profili diversi;

Comprensione, attraverso ricerche di mercato e analisi trasversali;

La progettazione, che implica l'esplorazione, la sperimentazione e l'abbandono di idee preconcette che sono confortanti, ma che impediscono di vedere le cose in modo diverso;

Creare e implementare un piano aziendale e un piano finanziario;

Gestire monitorando rigorosamente la situazione su base giornaliera per adeguare o eventualmente ripensare il modello di business.

Raccomandazioni rapide

Quando un leader sta considerando di ripensare il modello di business della propria azienda, dovrebbe sempre farlo:

- garantendo che il loro approccio sia legittimo, pertinente e coerente;

- prevedendo la partecipazione attiva di tutti i livelli dell'azienda per ottenere una visione d'insieme ed evitare possibili resistenze al cambiamento;

- ricorrendo a un mediatore imparziale che possa condurre le discussioni e sfidare i partecipanti;

- facendo il punto su ciò che già esiste per decidere se partire da zero o meno;

- decidemdpo chi mettere a capo del progetto per garantire una transizione agevole nell'implementazione delle nuove linee guida.

STUDIO DI CASO

Questo studio di caso ha come oggetto una libreria non specializzata, che vende romanzi, libri d'arte e di musica, libri accademici e scientifici. È rinomata per la qualità delle sue raccomandazioni sulla letteratura e per il suo ampio catalogo di testi scolastici e universitari.

Poiché negli ultimi anni il settore librario ha subito molti cambiamenti, come l'introduzione delle vendite online, le librerie sono sempre meno frequentate. Inoltre, il punto vendita in questione si trova ad affrontare una concorrenza agguerrita: ci sono diverse librerie in un'area ristretta, e ognuna di esse cerca di farsi strada diversificandosi o specializzandosi. In particolare, è emerso un concorrente diretto nel mercato dei libri scolastici. È quindi giunto il momento per il negozio di riconsiderare il proprio modello di business per rimanere aperto.

Il direttore della libreria decide di rivedere il suo modello di business e convoca i suoi collaboratori (il team di comunicazione, il contabile, i librai, il team di accoglienza, ecc.). Insieme, devono porre una serie di domande per riempire la tela e aggiornare l'attuale modello di business. È importante notare che possono iniziare da qualsiasi casella del modello.

 ## CONSIGLI PER I LEADER

Osterwalder mette in guardia da alcune insidie:

Non abbiate paura delle idee troppo audaci, al punto da rifiutarle sistematicamente. Sebbene possano generare maggiori rischi, spesso sono anche più interessanti. Tuttavia, questo non significa approvarle senza ulteriori riflessioni. Ad esempio, si possono testare inizialmente, poi aggiustare e adattare se si dimostrano efficaci.

Non è automatico ripartire da zero, perché potrebbero esserci degli elementi utili da conservare dal modello precedente.

Non escludete alcuni membri del team, perché le idee migliori spesso emergono attraverso la condivisione.

Non concentratevi solo sul breve termine. Come per qualsiasi modello di business, guardare al lungo termine limita i rischi.

Analisi del vecchio modello di business

Man mano che le discussioni procedono, la tela si riempie e rivela una panoramica dello stato attuale delle cose, con i punti di forza e di debolezza dell'attuale modello di business.

- **Segmenti di clientela. Chi sono i maggiori clienti della libreria? Quali sono i segmenti raggiunti? Per chi creano valore?** In questo caso, i clienti principali provengono da scuole e università, che inviano direttamente i loro studenti in questa libreria. Le biblioteche e i clienti fedeli – per lo più pensionati – la visitano regolarmente per beneficiare delle sue raccomandazioni.

  - Mercato stabile: Biblioteche e clienti fedeli.

  - Mercato da recuperare ogni anno: università.

  - Visite di privati o del pubblico in generale, che conoscono il nome della libreria o che l'hanno già visitata, e che vengono una o più volte all'anno, in momenti più o meno casuali (libro o ordine specifico, navigazione, regali, ecc.).

- **Proposta di valore. Qual è il valore aggiunto della libreria?**

  ○ Un consiglio saggio per i clienti fedeli, il pubblico e i bibliotecari.

  ○ Prezzi "imbattibili" per alcuni bibliotecari e per le scuole o le università (e quindi indirettamente per gli studenti).

- **Canali. Come comunica il negozio con i clienti? Quali canali utilizza?** I canali attualmente utilizzati sono essenzialmente l'e-mail e il telefono. Le università e le biblioteche sono generalmente contattate a distanza, mentre le librerie lavorano attraverso il contatto diretto con i clienti che visitano il negozio.

- **Rapporti con i clienti. Che tipo di rapporti ha la libreria con i suoi clienti?** La libreria intrattiene un rapporto di fiducia con i clienti più fedeli e con le istituzioni come le biblioteche e le università. In queste relazioni, tutti ne traggono vantaggio: l'azienda può ridurre i propri costi, mentre le biblioteche e le università acquistano i libri al miglior prezzo. Il rapporto con i clienti viene adattato a seconda del cliente.

- **Flussi di reddito. Per cosa pagano i clienti? Come pagano?** I beni sono venduti direttamente: i clienti pagano direttamente allo sportello o tramite fattura per quanto riguarda le biblioteche e le università. Pagano sapendo di ricevere un servizio e una consulenza a cui sono abituati e che apprezzano.

- **Risorse chiave. Quali risorse chiave richiede la proposta di valore della libreria?**

  - La prima risorsa chiave di una libreria sono innanzitutto le risorse umane, soprattutto al giorno d'oggi. I clienti vi si recano per ricevere consigli e mantenere un rapporto speciale con il libraio.

  - La seconda risorsa chiave è quella finanziaria (prezzi di vendita e sconti discussi con i fornitori, che hanno un impatto particolare sulle vendite alle università e alle biblioteche).

- **Attività chiave. Quali sono le attività chiave che derivano dalla proposta di valore della libreria?** Al fine di garantire il miglior prezzo per le università e le biblioteche, il gestore effettua regolarmente ricerche di mercato sui prezzi e sui servizi offerti dalla concorrenza. Inoltre, la qualità della consulenza dipende dalla competenza dei librai.

- **Collaborazioni chiave. Chi sono i partner principali della libreria? Con chi collabora? Quali partner la aiutano a creare valore?** La libreria ha stabilito relazioni affidabili con una rete di fornitori specializzati. Le loro situazioni economiche sono strettamente legate: un calo delle vendite per la libreria si traduce in una perdita di reddito per i fornitori. I fornitori hanno quindi stilato una lista di ordini che deve essere rivista regolarmente, poiché non sempre corrisponde alle vendite effettive della libreria (libri in eccedenza che il negozio non riesce a vendere). È quindi necessario trovare un equilibrio, soprattutto perché alcuni fornitori "bloccano" gli ordini se la libreria è in ritardo con i pagamenti (questo ovviamente implica meno scorte, che a loro volta generano meno vendite, creando così un circolo vizioso). È quindi fondamentale mantenere un rapporto di fiducia con i fornitori. Anche i distributori svolgono un ruolo importante, perché è indispensabile che la libreria rispetti i tempi di consegna promessi. A questo proposito, la concorrenza è dura con i siti web che garantiscono la consegna entro due o tre giorni lavorativi. Questo è un punto che può essere migliorato, perché attualmente la libreria soffre di lunghi ritardi.

- **Struttura dei costi. Quali sono i costi principali della libreria? Quali sono le attività più costose? I** librai gestiscono direttamente gli ordini. Il direttore gestisce le richieste specifiche delle università per ordinare quantità maggiori. I costi di acquisto variano, perché dipendono dal volume degli ordini e da eventuali sconti offerti dal fornitore: attualmente sono troppo alti. Anche i costi salariali sono significativi, perché l'età media dei dipendenti è relativamente alta.

Adattamento del modello di business

Per i partecipanti, tutto sembra possibile: devono solo avere il coraggio di porsi le domande necessarie per aggiornare il modello di business. Possono iniziare la loro riflessione con una qualsiasi delle caselle del canovaccio. Idealmente, dovrebbero assicurarsi che le innovazioni siano immaginate per ogni casella del canovaccio e poi scegliere il suggerimento più adatto alla situazione.

In questo modo, aggiungendo, togliendo e spostando le note adesive con le varie idee di ciascun dipendente della libreria, il modello viene rappresentato in modo più oggettivo, generando nuove sinergie costruttive.

Principali modifiche

Questa nuova versione del modello di business pone il cliente al centro delle sue preoccupazioni: cerca di ottimizzare la proposta di valore, di sviluppare le relazioni con i clienti, ecc. Quest'ultima dimensione, spesso trascurata o messa da parte dalle aziende, può orientare in modo intelligente le scelte strategiche. La nuova configurazione è più rispondente ai problemi della libreria, perché il cliente, che può avere motivazioni diverse per la lettura (dal cliente fedele e anziano allo sviluppo di un nuovo segmento più giovane e/o che non si reca più in libreria) è posto al centro della struttura economica. La libreria deve innanzitutto rivedere le sue attività principali (letture, eventi letterari, formazione dei dipendenti), la sua struttura dei costi (sito web, costi salariali), i suoi partner principali (distributori, fornitori, concorrenti), i suoi canali di comunicazione (sviluppo del sito web), ecc.

LIMITAZIONI ED ESTENSIONI

LIMITI E CRITICHE

- **Mancanza di attenzione all'aspetto strategico.** Come sottolineato in precedenza, il BMC ignora l'aspetto strategico dell'azienda. Pone la proposta di valore al centro del suo approccio, partendo dal presupposto che il desiderio primario di ogni azienda è quello di fare soldi. Questo è un aspetto importante, se non essenziale, per la sopravvivenza delle aziende, ma non tutte mettono i profitti al primo posto della loro agenda. In particolare, questo è il caso delle associazioni no profit. L'approccio strategico è importante per lo sviluppo di qualsiasi azienda, e trascurandolo si rischia di perdere segmenti di clientela importanti che forse non avevamo considerato.

- **Non può essere applicato a tutte le aziende.** Secondo Philippe Moricou (professore di strategia presso l'ESSCA) in un'intervista rilasciata al sito My-Business-Plan.fr, sembrerebbe che la BMC possa essere applicata più facilmente alle aziende monoattività, come le startup, che alle organizzazioni multidisciplinari. Moricou ritiene che ciò sia dovuto alla semplicità della matrice. Infatti, le potenziali sinergie tra le diverse attività potrebbero non rientrare necessariamente nelle caselle relativamente semplici del modello.

- **Mancata considerazione della concorrenza.** Il Business Model Canvas si concentra sulla struttura e sul funzionamento interno dell'azienda e non prende in considerazione (o lo fa solo in misura molto limitata) i fattori esterni, come la concorrenza. Tuttavia, pensare alla concorrenza quando si stabilisce il modello è importante, poiché un cambiamento a questo livello può avere un effetto diretto su di esso, richiedendo all'azienda di rivedere i propri obiettivi, ad esempio. Nel nostro caso di studio, l'azienda voleva rivedere il proprio modello di business a causa della crescente concorrenza che rischiava di intaccare le sue proposte di valore.

- **Analisi statica.** Il BMC non tiene conto dell'evoluzione dell'azienda oggetto di studio: permette di avere una visione d'insieme della situazione in un determinato momento e quindi ignora completamente la visione a lungo termine.

MODELLI ED ESTENSIONI CORRELATE

Poiché il Business Model Canvas presenta alcuni limiti, tra cui in particolare la mancanza di una dimensione strategica, vale la pena di considerare la possibilità di combinarlo con altri strumenti in modo che si integrino a vicenda.

La matrice BCG per guidare la strategia

Basato sui quattro tipi di aree strategiche di business (stelle, punti interrogativi, vacche da mungere e cani), questo modello può integrare il BMC, che non tiene conto di queste realtà che influenzano le scelte strategiche. L'idea della matrice BCG è quella di valutare sia il mercato del prodotto sia le prospettive di crescita del prodotto nel mercato. L'azienda utilizza questi parametri per determinare le priorità del proprio portafoglio prodotti e garantire la creazione di valore a lungo termine e la gestione del flusso di cassa.

Le Cinque Forze di Porter per battere la concorrenza

Le Cinque Forze di Porter determinano l'attrattività di un settore. Il presupposto è che le aziende cercano un vantaggio competitivo che si misura con la loro capacità di generare profitti o di catturare risorse. Le cinque forze sono: i potenziali nuovi operatori (coloro che possono entrare nel mercato e costituire una minaccia), i prodotti sostitutivi (prodotti in diretta concorrenza), i clienti e i distributori, nonché i fornitori (che hanno tutti potere contrattuale).

SINTESI

- Il Business Model Canvas è tratto dal libro *Business Model Generation: A Handbook for Visionaries, Game Changers and Challengers*, scritto da Alexander Osterwalder e Yves Pigneur nel 2011.

- È un modello pratico, molto facile da usare e direttamente applicabile. Coinvolge tutti i livelli della gerarchia aziendale, ma è più adatto alle startup che alle grandi imprese.

- La matrice si basa sulla proposta di valore fornita ai clienti. I nove blocchi che compongono la matrice si sovrappongono e il modello di business viene sviluppato utilizzando le sinergie create tra di essi:

  - attività chiave

  - partnership chiave

  - risorse chiave

  - segmenti di clientela

  - canali

  - relazioni con i clienti

  - proposta di valore

  - struttura dei costi

  - flussi di reddito.

- L'uso dei foglietti adesivi stimola la creatività perché possono essere spostati liberamente durante il workshop. Questo coinvolge i diversi partecipanti che riflettono sulla creazione di valore dell'azienda. L'obiettivo è quello di prendere coscienza delle varie misure da mettere in atto per realizzare un piano concreto e direttamente applicabile.

- Gli autori formulano diverse raccomandazioni importanti: garantire la legittimità del processo, porre l'accento su una visione d'insieme del modello, considerare un mediatore per condurre le discussioni, fare il punto sulla situazione attuale e identificare le persone responsabili della realizzazione del progetto.

- Come abbiamo visto nell'esempio concreto della libreria, le relazioni con i clienti e le proposte di valore sono fondamentali in questa tela. Tuttavia, gli autori avvertono i dirigenti d'azienda di non avere paura di essere troppo creativi, di coinvolgere il maggior numero possibile di persone nella progettazione del BMC e di prendere come punto di partenza ciò che già conoscono, piuttosto che ricominciare da zero, perché ciò potrebbe causare seri problemi di coerenza.

- Questo strumento presenta tuttavia alcuni limiti, come la mancata copertura degli aspetti strategici e competitivi. Utilizzandolo insieme a un business plan, si potrà garantire che nessun dettaglio venga dimenticato.

ULTERIORI LETTURE

BIBLIOGRAFIA

Créativité.net (2016) *Business Model – Nouvelle Génération: Una guida per visionari, rivoluzionari e sfidanti di Alexander Osterwalder e Yves Pigneur.* [Online]. [Consultato il 20 luglio 2015]. Disponibile da: < http://www.creativite.net/business-model-nouvelle-generation-alexander-osterwalder-yves-pigneur/>

Kotler, P., Keller, K. e Manceau, D. (2012) *Marketing Management.* 14ª edizione. Parigi: Pearson.

Menin-Urien, G. (2012) 2013, azione commerciale – Consiglio 6: apportare il valore aggiunto! *Il blog del manager commerciale.* [Online]. [Consultato il 20 luglio 2015]. Disponibile da: < http://www.management-commercial.fr/2012/12/21/2013-quelle-action-commerciale-apportez-de-la-valeur-ajoutee/>

My-Business-Plan.fr (2013) *Philippe Mouricou vous dit tout sur le Business Model Nouvelle Génération.* [Online] [Consultato l'8 luglio 2015]. Disponibile da: < http://www.my-business-plan.fr/interview-philippe-mouricou-business-model>

Osterwalder, A. e Pigneur, Y. (2010) *Business Model Generation: A Handbook for Visionaries, Game Changers, and Challengers.* Hoboken, New Jersey: John Wiley & Sons.

UCM (2016) *Le Business Model Canvas. Un outil stratégique pour l'entreprise.* [Online]. [Accessed 8 July 2015]. Disponibile da: < http://www.ucm.be/Entreprendre/

Le-Business-Model-Canvas-Un-outil-strategique-pour-l-entreprise>

Università di Losanna (2016) Yves Pigneur. *Facultés des Hautes Études Commerciales.* [Online]. [Accessed 20 July 2015]. Disponibile da: < https://hec.unil.ch/people/ypigneur>

FONTI AGGIUNTIVE

Sito web del Business Model Canvas:http://www.business-modelgeneration.com/canvas/bmc

Sito web di Alexander Osterwalder: http://alexosterwalder.com/

VIDEO

Spiegazione del Business Model Canvas. (2011) [Video]. Disponibile da: < https://youtu.be/QoAOzMTLP5s>

Osterwalder spiega il Business Model Canvas. (2012) [Video]. Disponibile da: < https://www.youtube.com/watch?v= RzkdJiax6Tw>

Vogliamo sapere da voi!
Lasciate un commento sulla vostra biblioteca online
e condividete i vostri libri preferiti sui social media!

Master ISBN: 9782808064682
ISBN cartaceo: 9782808064972
Deposito legale: D/2022/12603/84

Design digitale: Primento,
il partner digitale degli editori.